DANIEL SIQUEIRA
Organizador

Novena Vocacional

EDITORA
SANTUÁRIO

DIREÇÃO EDITORIAL: Pe. Fábio Evaristo R. Silva, C.Ss.R.
COORDENAÇÃO EDITORIAL: Ana Lúcia de Castro Leite
COPIDESQUE: Denis Faria
REVISÃO: Luana Galvão
DIAGRAMAÇÃO E CAPA: Tiago Mariano da Conceição

Textos bíblicos extraídos da *Bíblia de Aparecida*, Editora Santuário, 2006.

ISBN 85-7200-502-1

Todos os direitos reservados à **EDITORA SANTUÁRIO** – 2017

Rua Pe. Claro Monteiro, 342 – 12570-000 – Aparecida-SP
Tel: 12 3104-2000 – Televendas: 0800 - 16 00 04
www.editorasantuario.com.br
vendas@editorasantuario.com.br

Rezar pelas vocações

Quando éramos crianças, entre as muitas perguntas que os adultos nos faziam, estava esta: "O que você vai ser quando crescer?" Nossa resposta por vezes era rápida: "Vou ser isso ou vou ser aquilo..."; "Vou ser igual a fulano ou a beltrano...". À medida que fomos crescendo, tomamos consciência do real significado dessa pergunta. Quando alcançamos a maturidade, percebemos o quão grande se torna essa inquietação, pois a cada dia somos chamados, de alguma forma, a escolher o que faremos com nossa vida, que caminhos seguiremos.

Esse chamado, que envolve todas as dimensões de nossa vida, dizemos que é vocação. Descobrir e viver a própria vocação é condição para a plena realização da pessoa, pois vocação acertada é vida feliz.

Mas sempre vem a pergunta sobre como descobrir e viver a vocação à qual somos chamados. O processo de descobrir a vocação e, depois, vivê-la em toda a sua plenitude é um caminho longo e, por vezes, cheio de grandes incertezas e medos. No entanto, isso é parte fundamental da vida; se não o fizermos, vamos viver a vida toda sem entender qual o sentido de nossa existência e de nossa missão neste mundo.

Muitos são os caminhos para conseguir descobrir e viver a própria vocação. Todos eles passam por um processo de interiorização, de meditação, de silêncio, no qual a pessoa olha para dentro de si mesma e vai percebendo o seu modo de ser, como ela é, como ela encara a vida, como ela se comporta diante dessa ou daquela situação, o que ela gosta, o que a deixa feliz, entre outras tantas coisas. Somente assim, após nos conhecermos melhor, podemos ter mais clareza de que caminho seguir, entender a que fomos chamados e assim podermos escolher a vocação que mais nos realizará.

Todas as vocações são belas e importantes. Cada uma carrega em si algo essencial, que é a vida vivida em sua plenitude, na graça de Deus e colocada sempre a serviço do próximo. Por meio desta novena, somos chamados a rezar pelas vocações em todas as suas dimensões. Vamos suplicar a Deus, nosso Pai de infinito amor, que Ele esteja sempre junto de nós, em todos momentos de nossa vida.

Orientações sobre como rezar esta novena

Esta novena pode ser rezada de forma individual, como também de forma comunitária. Quando for rezada de forma comunitária, poderá ser dinamizada da seguinte forma:

* Dirigente: Condução do encontro; leitura da introdução e da oração inicial; apresentação das perguntas (meditando); introdução das súplicas e oração final.

* Leitor 1: Palavra de Deus

* Leitor 2: Refletindo.

* Leitor 3: Súplicas.

Cantos

A novena ainda poderá ser dinamizada por meio dos cantos, que se encontram no final deste livro, ou por outros a serem escolhidos pelo grupo. A sequência dos cantos pode ser a seguinte:

* Canto inicial: após a leitura da introdução ou antes da oração inicial;

* Canto para aclamar a Palavra de Deus;

* Canto final: após a oração final.

Essas são apenas sugestões. A comunidade, conforme a sua realidade, poderá também incrementar e dinamizar a novena da maneira que achar mais apropriada.

Oração inicial

Em nome do Pai, do Filho e do Espírito Santo. Amém.

Senhor Deus, nosso Pai, vós que sois o autor de toda a vida, que no vosso infinito amor criastes o ser humano a vossa imagem e a vossa semelhança, nesta hora bendita, aqui nos reunimos para vos agradecer tudo que realizastes e para vos pedir que possais nos iluminar em nossas escolhas e em nossos caminhos.

– Pai do Céu, ajudai-nos a sempre viver em vossos caminhos e em vossa graça.

Senhor, sabemos que cada homem e mulher, desde o nascimento, recebeu de vós uma missão: ser sal da terra e luz no mundo. Pedimos que nos concedei o dom do discernimento para descobrirmos e vivermos de forma plena nossa missão no mundo.

– **Senhor, enviai sobre nós o vosso Espírito, para que possamos discernir os caminhos que devemos seguir.**

Oremos: Senhor, ajudai-nos a viver plenamente a vocação para a qual fomos chamados; que em tudo que realizamos alcancemos viver o amor e a misericórdia; que nossa vida seja sempre uma doação; e que nos tornemos verdadeiras testemunhas de vosso infinito amor. *Amém.*

Oração final

No final desta novena, mais uma vez nos dirigimos a vós, Deus da vida, rezando a mesma oração que Jesus, vosso filho amado, ensinou-nos: *Pai nosso, que estais nos céus...*

Maria, fostes a primeira vocacionada do Pai. Com seu sim determinado e firme, contribuístes para que a salvação adentrasse no mundo. Vós fostes perseverante até o final: em tudo procurastes fazer a vontade de Deus. Hoje vos pedimos a graça da perseverança na vocação que escolhemos seguir. *Salve, Rainha, mãe de misericórdia...*

Oração vocacional: Jesus, mestre divino, que chamastes os Apóstolos a vos seguirem, continuai a passar por nossos caminhos, por nossas famílias, por nossas escolas e continuai a repetir o convite a muitos de nossos jovens. Dai coragem às pessoas convidadas. Dai força para que vos sejam fiéis como apóstolos leigos, como sacerdotes, como religiosos e religiosas, para o bem do povo de Deus e de toda a humanidade. Amém.

Que possa nos abençoar o Deus rico em misericórdia. *Em nome do Pai, do Filho e do Espírito Santo. Amém.*

1º Dia
O amor de Deus

Introdução

Deus é amor! Essa é a principal verdade de nossa fé. Toda a obra da criação é prova desse infinito amor: Deus criou tudo por amor. Sentirmo-nos amados por Deus é essencial para termos vida plena e para descobrirmos nossa vocação. Neste primeiro dia da novena, iremos refletir sobre o amor de Deus, origem de nossa vida e nossa missão.

1. Oração inicial *(p. 8)*

2. Palavra de Deus *(Rm 8,35-39)*

Quem vai nos separar do amor de Cristo? A tribulação, a angústia, a perseguição, a fome, a nudez, o perigo, a espada? Como está escrito: "Por tua causa nos matam o dia todo; somos tratados como ovelhas de corte". Mas em tudo isso somos mais que vencedores por meio daquele que nos amou. Tenho certeza, de fato, de que nem a morte, nem a vida, nem os anjos, nem os principados, nem o presente, nem o futuro, nem os poderes, nem a altura, nem a profundeza, nem outra criatura qualquer poderá nos separar do amor de Deus, que está em Cristo Jesus, nosso Senhor.

– *Palavra do Senhor*!

3. Refletindo

Para falar do amor de Deus, podemos recordar a experiência de muitos santos e santas. Entre eles, talvez, aquele que mais tenha conseguido viver esse amor, e o expressado em profundidade, foi o apóstolo Paulo. Durante sua vida, ele pôde experimentar e viver esse amor de forma tão profunda que, mesmo diante das mais fortes perseguições e sofrimentos, ele se manteve firme e em paz, abandonando-se completamente no amor de Deus. Fazer uma experiência profunda do amor de Deus é essencial na vida de qualquer pessoa. Quem faz essa experiência não permanece o mesmo, muda completamente o modo de ser e de agir. Só consegue amar e servir quem se descobre amado por primeiro.

Somos obra do amor e feitos para amar. À medida que vivermos esse amor, seremos capazes de também amar nosso próximo e tudo o que está a nosso redor. O amor se traduz em gestos e em atitudes que transformam nossa vida e a vida das pessoas que estão a nossa volta. Ao mesmo tempo que somos chamados à vida e a sermos filhos de Deus, somos também vocacionados ao amor. Só vivendo no amor de Deus é que seremos capazes de viver nossa vida em toda a sua plenitude.

4. Vivendo

a) Quais são os sinais do amor de Deus em minha vida?

b) Como expresso que sou amado por Deus?

5. Súplicas

Dirijamo-nos ao Deus da vida apresentando-lhe nossas preces, confiantes em seu amor e em sua misericórdia:

1. Pela Igreja, para que ela seja testemunha do amor de Deus neste mundo, tão marcado pelo desamor, rezemos.

– Senhor, Deus de amor, ouvi nossa prece.

2. Por todas as pessoas que, diante de tantas coisas ruins que acontecem a sua volta, estão perdendo sua fé. Para que elas tenham novo vigor e encontrem consolo em Deus, rezemos.

3. Por nós, para que sejamos sempre testemunhas do amor de Deus no mundo, rezemos.

(Preces espontâneas)

6. Oração final *(p. 10)*

2º Dia

Ser humano, obra-prima do amor de Deus

Introdução

Toda a criação é obra do amor infinito de Deus. O ser humano ocupa um lugar especial na obra criadora do Pai, pois o homem e a mulher foram feitos a sua imagem e semelhança. Somos todos filhos de Deus. Hoje, vamos refletir sobre nossa existência e sobre nossa condição humana de filhos de Deus.

1. Oração inicial *(p. 8)*

2. Palavra de Deus *(Gn 1,26-28)*

Deus disse: "Façamos o ser humano a nossa imagem, como nossa semelhança; domine sobre os peixes do mar e sobre as aves do céu, sobre os animais domésticos, sobre todos os animais selvagens e sobre todos os répteis que rastejam pelo chão". E Deus criou o ser humano a sua imagem; à imagem de Deus o criou: homem e mulher os criou; Deus os abençoou e disse: "Sede fecundos e multiplicai-vos, enchei a terra e submetei-a; dominai sobre os peixes do mar, sobre as aves do céu e sobre todo ser vivo que rasteja pelo chão".

– *Palavra do Senhor!*

3. Refletindo

Deus, em sua infinita bondade e amor, realizou a obra da criação. Conforme o livro do Gênesis, durante cinco dias, o Criador fez tudo o que existe. No sexto dia, Deus se dedicou à criação de sua obra mais importante, o ser humano. Somos a obra do mais profundo amor do Pai: Ele nos moldou com suas próprias mãos e nos deu a vida, a partir de sua própria vida, fazendo-nos a sua imagem e a sua semelhança.

Ao homem e à mulher Deus deu o livre-arbítrio, a liberdade de escolha. Somos livres para escolher o que fazemos com nossa vida. Todavia, nossa existência estará sempre ligada ao criador. Ele colocou em nós o desejo de transcendência, que faz ir além de nossa existência terrena e que nos leva sempre a Deus. Por ser a obra-prima da criação divina, o ser humano se diferencia dos seres por suas capacidades. Enquanto os outros seres agem por impulso e por instinto, o ser humano age a partir da razão. Somos dotados de inteligência e de sentimentos; somos capazes de pensar, de sentir, de fazer coisas complexas e transformar o mundo a nossa volta. Temos a capacidade de fazer coisas que nenhum outro ser pode fazer.

Por todas essas capacidades que Deus nos deu, podemos concluir que somos seres abençoados. Por isso devemos usufruir da melhor maneira, responsável e consciente, esse maravilhoso dom que Deus nos deu, que é nossa vida.

4. Vivendo

a) Tenho valorizado minha vida como um dom precioso? De que maneira?

b) Tenho usado todos os dons e capacidades que Deus me deu para o bem?

5. Súplicas

Agradecidos a Deus pelo dom de nossa vida, neste momento elevemos a Ele as nossas orações.

1. Por todas as pessoas, especialmente por aquelas que são feridas em sua dignidade de pessoa e de filhos(as) de Deus, rezemos.

– Deus da vida, ouvi nossa prece.

2. Para que a vida humana seja sempre valorizada e protegida desde sua concepção até seu fim natural, rezemos.

3. Para que Deus nos ilumine em nossas decisões e nos caminhos que escolhemos seguir, rezemos.

(Preces espontâneas)

6. Oração final *(p. 10)*

3º Dia
Viver no amor de Deus

Introdução

Criado à imagem e à semelhança de Deus, o ser humano é a obra-prima do criador. Deus depositou no homem e na mulher todo o seu infinito amor. Desde sua origem, o ser humano possui uma forte ligação com o Criador. Neste encontro, somos convidados a refletir sobre essa relação de amor entre Deus e o ser humano.

1. Oração inicial *(p. 8)*

2. Palavra de Deus *(Ef 2,4-10)*

Mas Deus, que é rico em misericórdia, movido pelo grande amor com que nos amou, quando estávamos mortos por causa de nossos pecados, fez-nos reviver com Cristo. É por graça que fostes salvos! Com ele nos ressuscitou e com ele nos fez sentar nos céus, em Cristo Jesus. Quis assim mostrar, nos séculos futuros, a extraordinária riqueza de sua graça, manifestada em sua bondade para conosco, em Cristo Jesus. Foi por essa graça que fostes salvos, por meio da fé. E isso não vem de vós, é dom de Deus; nem vem das obras, para que ninguém possa gloriar-se. Com efeito, nós somos obra sua, pois fomos criados em Cristo Jesus em vista das boas obras que Deus preparou, já antes, para serem por nós praticadas.

– *Palavra do Senhor!*

3. Refletindo

Deus desde o princípio nos amou com infinito amor. No ser humano, o Pai depositou todas as suas esperanças. Ele desejou que vivêssemos sempre em sua presença. Desde o princípio, temos dentro de nós algo de muito profundo que nos liga ao criador. Precisamos, a cada dia de nossa vida, ir percebendo esse infinito amor de Deus por nós, que se revela na gratuidade de tudo que Ele realizou e realiza em nossa existência.

Para vivermos no amor de Deus, precisamos abrir nosso coração e nossa vida para sua manifestação. Sem abertura de nossa parte, Deus não poderá agir. A partir dessa abertura, alcançamos experimentar o seu amor, e, à medida que vamos nos aproximando de Deus e deixando que ele vá agindo em nossa vida, Ele cura nossas feridas e nos ajuda a superar nossos medos e nossas dificuldades. Depois de nos abandonarmos na vontade do Pai e conformarmos nossa vida a dele, chegamos a um ponto em que esse amor já não cabe mais somente em nós e precisa ser partilhado com as pessoas a nossa volta.

Essa experiência de viver no amor de Deus é fundamental para nossa vida, pois somente seremos capazes de amar os outros se nos sentirmos amados por primeiro, ou seja, só podemos oferecer aquilo que temos.

4. Vivendo

a) Tenho um coração aberto para a ação de Deus em minha vida ou, às vezes, resisto?

b) O que em minha vida revela que sou amado por Deus?

5. Súplicas

A Deus, que é infinito de amor e misericórdia, elevemos nossas súplicas, pedindo que Ele possa nos atender em nossas necessidades.

1. Para que tudo em nossa vida manifeste o amor de Deus por nós e revele sua bondade, rezemos.

– Deus de amor, ouvi nossa prece.

2. Que tenhamos um coração sempre aberto e dócil à ação de Deus em nossa vida, rezemos.

3. Por todas as pessoas que neste momento estão se sentindo abandonadas e desamparadas, para que possam novamente se sentir amadas por Deus, rezemos.

(Preces espontâneas)

6. Oração final *(p. 10)*

4º Dia

Viver o amor com os irmãos

Introdução

Nos últimos encontros, refletimos sobre o amor infinito de Deus, que criou o mundo. Vimos que o ser humano é a obra-prima dessa criação divina e que somos chamados a viver e a cultivar esse amor de Deus em nossa vida. Hoje, vamos refletir sobre como essa experiência vivencial do amor de Deus deve ser manifestada junto às pessoas com as quais convivemos e com o mundo onde nos encontramos.

1. Oração inicial *(p. 8)*

2. Palavra de Deus *(Mt 5,1-9)*

Vendo a multidão, Jesus subiu à montanha. Sentou-se, e seus discípulos aproximaram-se dele. Co-

meçou então a falar e os ensinava assim: "Felizes os pobres em espírito, porque é deles o Reino dos Céus. Felizes os que choram, porque Deus os consolará. Felizes os não violentos, porque receberão a terra como herança. Felizes os que têm fome e sede de justiça, porque Deus os saciará. Felizes os misericordiosos, porque conseguirão misericórdia. Felizes os de coração puro, porque verão a Deus. Felizes os que promovem a paz, porque Deus os terá como filhos".
– *Palavra da Salvação!*

3. Refletindo

Deus não criou o homem e a mulher para viverem de forma isolada, fechados em si mesmos, mas os fez para viver em comunidade. O ser humano só é pleno a partir da convivência com outras pessoas. O próprio Deus não vive só, ele é Trindade, três pessoas e um só Deus. Quando Deus enviou seu filho ao mundo, quis que ele nascesse no seio de uma família, em uma comunidade. E Jesus, em sua vida pública, também se acercou de um grupo de amigos, que sempre o acompanhava.

Somos chamados a viver e a formar comunidade com as pessoas a nosso redor. Também somos chamados a viver o amor para com as pessoas que conosco convivem e para com o mundo a nossa volta. Testemunhamos nosso amor para com Deus por meio do amor aos irmãos. O maior exemplo de amor encontramos no próprio Cristo, que amou a todos até o fim, entregando sua própria vida. Nas bem-aventuranças, Jesus nos ensina como os filhos de Deus devem vivenciar o amor no dia a dia.

Devemos testemunhar e viver o amor por meio de atitudes e de gestos concretos que promovem a vida das pessoas a nossa volta, que tornam o mundo um lugar melhor. Todo cristão é chamado a ser testemunha do amor de Deus por meio da vivência do amor ao próximo, assim como disse Jesus: "Amai-vos uns aos outros como eu vos amei" (Jo 13,34).

4. Vivendo

a) Como tenho vivido o amor para com meu próximo?

b) Tenho um coração misericordioso ou meu coração é fechado e rancoroso?

5. Súplicas

Elevemos a Deus, nosso Pai, nossas preces, pedindo que em seu infinito amor Ele venha em nosso socorro.

1. Pela Igreja, para que ela seja fiel aos ensinamentos de Jesus, sendo semente do Reino no mundo, rezemos.

– Pai do Céu, ouvi nossa súplica.

2. Por todas as nossas comunidades cristãs, para que elas sempre sejam lugares, onde o amor aos irmãos seja vivido com toda a intensidade, rezemos.

3. Por nós, para que tenhamos um coração aberto e misericordioso, sempre disposto a amar e a perdoar, rezemos.

(Preces espontâneas)

6. Oração final *(p. 10)*

5º Dia
Conhecer a si mesmo

Introdução

No encontro de hoje, somos convidados a olhar para dentro de nós mesmos e a adentrar no mais profundo do nosso ser. Vamos olhar para nossa vida e nossa existência e procurar descobrir quais são os nossos dons, as nossas aptidões, mas também quais são as nossas fraquezas e fragilidades. Somos capazes de fazer escolhas somente quando nos conhecemos e sabemos quem somos.

1. Oração inicial *(p. 8)*

2. Palavra de Deus *(Pr 3,13-26)*

Feliz o homem que encontrou a sabedoria e aquele que adquiriu o entendimento; porque sua posse é preferível à da prata e melhor que o ouro é seu lucro. Ela é mais preciosa que as pérolas, e nada do que desejas a pode igualar. Longos dias estão em sua mão direita, e em sua esquerda riqueza e honra. Seus caminhos são caminhos deliciosos, e todas as suas veredas conduzem ao bem-estar. É uma árvore de vida para quem a alcança, e quem a abraça é feliz. O Senhor fundou a terra com a sabedoria, consolidou os céus com inteligência. Por sua ciência foram abertos os abismos, e as nuvens destilam orvalho. Meu filho, conserva a sabedoria e a discrição; não se afastem jamais de teus olhos: serão vida para ti e ornamento para teu pescoço. Então caminharás seguro por tua estrada e teu pé não tropeçará. Quando te deitares, não terás o que temer e, uma vez deitado, teu sono será doce. Não temerás o pavor repentino, nem o ataque que vem dos maus; porque o Senhor será tua segurança, e de toda insídia preservará teu pé.

– *Palavra do Senhor!*

3. Refletindo

A frase "conhece-te a ti mesmo", proferida pelo célebre filósofo grego, Sócrates, carrega em si um dos maiores desafios do ser humano: o autoconhecimento. No decorrer da história, a humanidade vem evoluindo constantemente: hoje, somos capazes de viajar pelo espaço e dominamos tecnologias que nos permitem, até mesmo, clonar seres em laboratório. Por outro lado, o conhecimento profundo sobre nós mesmos permanece sem ser alcançado, e, por vezes, vivemos a vida toda sem entender o que se passa conosco.

O autoconhecimento é um processo lento e, em alguns momentos, até mesmo doloroso. Mas não podemos deixar de buscá-lo: é essencial em nossa vida que nos conheçamos, saibamos quem somos, quais são nossos dons, nossas aptidões, nossas qualidades e aquilo que gostamos de fazer, com o que nos identificamos. Também o autoconhecimento é importante para que saibamos também quais são as nossas fragilidades, fraquezas, limites, dores e sofrimentos; como reagimos diante dessa ou daquela situação. Pois, quando nos conhecemos, conseguimos lidar melhor com todas essas situações.

Precisamos buscar o autoconhecimento para discernir, de forma consciente, o que fazer com nossa vida, que caminhos seguir, que escolhas fazer. Vimos, na leitura do livro dos Provérbios, que é feliz o homem que encontrou a sabedoria e o entendimento. Assim, se queremos ser felizes e termos uma vida plena de sentido, precisamos fazer o processo de olhar para dentro de nós mesmos e nos conhecermos.

4. Vivendo

a) O que faço para alcançar um melhor autoconhecimento?

b) Quais são meus dons e quais são minhas dificuldades?

5. Súplicas

Apresentemos ao Senhor Deus, razão de nossa vida, nossas preces e súplicas, pedindo-lhe que as receba em seu coração.

1. Para que em nossa vida alcancemos maior maturidade e consciência de nossa condição, rezemos.

– **Senhor, ouvi nossa prece.**

2. Para que Deus possa estar junto de nós, principalmente nos momentos de fragilidades e fraquezas, rezemos.

3. Peçamos a força do Espírito Santo para que nos ilumine e nos dê sabedoria em todos os momentos de nossa vida, rezemos.

(Preces espontâneas)

6. Oração final *(p. 10)*

6º Dia
Nossa missão no mundo

Introdução

Tantas vezes nos questionamos sobre qual o sentido de nossa vida e sobre o que estamos fazendo neste mundo. A verdade é que todos temos uma tarefa a cumprir. Hoje, vamos refletir sobre nossa missão no mundo e sobre como devemos realizá-la.

1. Oração inicial *(p. 8)*

2. Palavra de Deus *(Mt 5,13-16)*

Disse Jesus: "Vós sois o sal da terra. Mas se o sal perder o sabor, com que se salgará? Não serve mais para nada, senão para ser jogado fora e ser pisado pelas pessoas. Vós sois a luz do mundo.

Uma cidade construída no alto do monte não pode ficar escondida. E também não se acende uma luz para pô-la debaixo de um móvel. Pelo contrário, é posta no candeeiro, de modo que brilhe para todos os que estão na casa. Assim deve brilhar vossa luz diante dos outros, para que vejam vossas boas obras e glorifiquem vosso Pai, que está nos céus".
– *Palavra da Salvação!*

3. Refletindo

Toda a criação de Deus possui um objetivo e uma missão a cumprir. Isso ocorre com a natureza e, igualmente, com o ser humano: nós nascemos, desenvolvemo-nos e depois morremos, seguindo o mesmo destino de todas os demais seres. Mas a vida do ser humano é repleta de sentido: não vivemos ao acaso, agindo de forma meramente instintiva e determinada. Somos seres racionais e podemos escolher o que fazemos com nossa vida.

Todos nós temos uma missão a cumprir enquanto estamos neste mundo. Cumprindo essa missão damos sentindo a nossa existência. O que precisamos fazer é descobrir e entender qual é nossa missão, em todos os aspectos da vida: social, profissional, familiar e espiritual. Viver essa missão em sua plenitude faz com que nossa vida tenha sentido e que nossa existência valha a pena. Mas surge sempre aquela pergunta: qual é verdadeiramente minha missão? Para responder a essa questão é necessário que nos conheçamos e percebamos o que andamos fazendo de nossa vida.

O trecho do Evangelho de Mateus, que ouvimos, recorda-nos que nossa missão é ser sal e luz. Antes de tudo, como cristãos batizados, somos chamados a ser luz que ilumina o mundo e ser o sal que dá gosto às coisas. A vivência dessa principal missão deve acontecer juntamente com tudo que fazemos e realizamos. É assim que nos tornamos protagonistas da concretização do reino de Deus, proposto por Jesus.

4. Vivendo

a) O que significa ser sal e luz neste mundo?

b) Como avalio a realização de minha missão neste mundo?

5. Súplicas

Elevemos ao senhor neste momento nossa prece, pedindo ao Pai que as acolha em sua infinita bondade.

1. Senhor, nós vos pedimos a força e o ânimo necessários para realizar nossa missão neste mundo, sendo sempre fiéis a vosso chamado.

– Senhor, ajudai-nos a ser sal da terra e luz do mundo.

2. Senhor, nós vos pedimos que em nossa vida possamos contribuir na construção de vosso Reino, anunciado por vosso Filho Jesus.

3. Senhor, pedimos por todas as pessoas que estão perdidas e desorientadas em suas vidas, para que elas encontrem o verdadeiro sentido de sua missão no mundo.

(Preces espontâneas)

6. Oração final *(p. 10)*

7º Dia
É preciso discernir

Introdução

No último encontro, refletimos sobre a missão que cada ser humano tem no mundo e sobre a importância de cada um descobrir e viver essa missão. Hoje, somos convidados a discernir os diversos estados de vida existentes. Acertar na escolha da vocação é algo essencial para uma vida plena e realizada.

1. Oração inicial *(p. 8)*

2. Palavra de Deus *(1Cor 12,4-11)*

Sem dúvida, os dons são diferentes, mas o Espírito é o mesmo. Os serviços são diversos, mas o Senhor é o mesmo. As atividades são distintas, mas é o mesmo Deus que realiza tudo em todos. A cada um é dada a manifestação do Espírito para a utilidade de todos: a um é dada, por meio do Espírito, uma palavra de sabedoria; a outro, uma palavra de conhecimento, segundo o mesmo Espírito; a outro, o mesmo Espírito dá o dom da fé; a outro ainda, o dom de curar, neste único Espírito; a outro, o poder de fazer milagres; a outro, a profecia; a outro, o discernimento dos espíritos; a outro, o dom de falar diversas línguas; a outro ainda é dado o dom de interpretar as línguas. Mas o que realiza tudo isso é o mesmo e único Espírito, que distribui seus dons a cada um como ele quer.

– *Palavra do Senhor!*

3. Refletindo

Existem diversos estados de vida. Cada pessoa precisa discernir em qual deles se sente melhor e quer assumir como caminho de santificação. Devemos olhar e analisar cada um deles com o máximo de serenidade e consciência. Uma escolha errada pode comprometer toda a vida de uma pessoa. Discernir corretamente qual estado de vida seguir é essencial, pois dessa decisão depende nossa felicidade e nossa santificação.

O matrimônio é um estado de vida e consiste na união de duas pessoas, que, após um tempo de namoro e discernimento, escolhem unir-se de forma plena por meio do sacramento. Na Vida Matrimonial, o casal deixa de ser dois e se torna um. Dessa relação de profundo amor nascem os filhos. É importante lembrar que na família nascem todas as vocações.

Aqueles que têm, dentro de si, o desejo de consagrar toda a sua vida a Deus são chamados à Vida Consagrada, seja na vida religiosa, dentro das diversas congregações e ordens religiosas existentes, seja nas Comunidades de Vida e Aliança ou ainda, de modo particular, vivendo uma consagração sem estarem propriamente vinculados a uma congregação religiosa ou a um determinado grupo. Essas pessoas, por meio da consagração e dos votos de castidade, obediência e pobreza, propõem-se a serem sinal vivo da presença do amor de Deus no mundo.

Também podemos citar, nessa mesma dimensão, a vocação do padre, ou a Vida Sacerdotal. O padre é alguém tirado do meio do povo de Deus, chamado, por meio do ministério que a Igreja lhe concede, a agir em *Persona Chisti*, perdoando os pecados, celebrando a Eucaristia, ministrando os sacramentos, sendo pastor e guia do povo a ele confiado.

Temos ainda aquelas pessoas que acabam não se casando e também não pertencem a nenhuma ordem ou congregação religiosa, mas que dedicam sua vida a uma causa, a um projeto ou a uma atividade que dá sentido a toda a sua vida. Temos como exemplo disso pessoas solteiras que acabam por ajudar na criação dos sobrinhos, profissionais de várias áreas, como médicos, professores, pesquisadores entre outros, que dedicam a vida e a profissão a serviço do próximo.

Como vemos, temos a nossa frente muitas maneiras de servir a Deus. O importante é refletir bem e rezar, pedindo as luzes do Espírito

Santo para podermos descobrir em qual estado de vida servirmos melhor a Deus, amando nossos irmãos.

4. Vivendo

a) Onde Deus quer que eu o sirva e o ame?
b) Estou feliz com a vocação que escolhi viver?

5. Súplicas

Diante de Deus, apresentemos agora nossas súplicas, pedindo que, em seu infinito amor de Pai, possa nos atender.

1. Por todas as famílias, para que o Senhor abençoe e fortaleça todos os que se sentem chamados para essa vocação, rezemos.

– Senhor, ouvi nossa prece.

2. Pelos consagrados e consagradas, para que Deus continue suscitando no meio de seu povo pessoas que possam ser sinal de seu amor e de sua presença no mundo, rezemos.

3. Pelas vocações sacerdotais, para que o Senhor envie mais operários para sua messe,

pastores que tenham um coração como o de Jesus, rezemos.

4. Por nós, para que possamos ser fiéis à vocação que escolhemos seguir, rezemos.

(Preces espontâneas)

6. Oração final *(p. 10)*

8º Dia
Resposta de amor e fidelidade

Introdução

Todo chamado exige uma resposta individual, pois ninguém vive a vocação pelo outro. A resposta a esse chamado, seja ele qual for, deve ser uma resposta de amor e de fidelidade. Devemos viver com amor e sermos fiéis à vocação a qual fomos chamados.

1. Oração inicial *(p. 8)*

2. Palavra de Deus *(Lc 1,26-38)*

No sexto mês, o anjo Gabriel foi enviado por Deus a uma cidade da Galileia, chamada Nazaré, a uma virgem, noiva de um homem, de nome José, da casa de Davi; a virgem chamava-se Maria. Entrando onde ela estava, disse-lhe o anjo: "Alegra-te, ó cheia de graça, o Senhor é contigo". Ao ouvir tais palavras, Maria ficou confusa e começou a pensar o que significaria aquela saudação. Disse-lhe o anjo: "Não tenhas medo, Maria, porque Deus se mostra bondoso para contigo. Conceberás em teu seio e darás à luz um filho e lhe porás o nome de Jesus. Ele será grande e será chamado Filho do Altíssimo. O Senhor Deus lhe dará o trono de Davi, seu pai, e ele reinará para sempre na casa de Jacó. E seu reino não terá fim". Maria, porém, perguntou ao anjo: "Como será isto, se eu não vivo com um homem?" Respondeu-lhe o anjo: "O Espírito Santo descerá sobre ti e a força do Altíssimo te cobrirá com sua sombra. Por isso, o Santo que vai nascer será chamado Filho de Deus. Isabel, tua parenta, também ela concebeu um filho em sua velhice e está no sexto mês aquela que era chamada estéril, porque nada é impossível para Deus". Disse então Maria: "Eis

aqui a serva do Senhor, faça-se em mim segundo tua palavra". E o anjo retirou-se de sua presença.
– *Palavra da Salvação!*

3. Refletindo

Percorremos nesta novena um longo caminho, no qual fomos nos situando dentro da obra da criação do Pai, que fez tudo por amor. Saber que não estamos a sós, que somos parte de algo muito maior e que temos um Pai que muito nos ama é essencial para que nossa existência tenha um sentido. Hoje, vamos refletir sobre nossa resposta ao chamado de Deus.

Toda vocação é um chamado e, por isso, pede uma resposta da pessoa chamada. No caso do chamado vocacional, essa resposta deve ser sempre uma resposta de amor a Deus, que nos amou por primeiro. Somente por amor seremos capazes de enfrentar os desafios e as dificuldades que podemos encontrar ao viver nossa vocação.

Outro aspecto importante que não pode ser esquecido é a questão da fidelidade. Jesus mesmo dizia que "ninguém pode servir a dois senhores" (Mt

6,24). A fidelidade e a vocação passam, em primeiro lugar, pela fé em Deus, ou seja, acreditar firmemente no projeto de Deus para cada um de nós. Passa também pela atitude de renúncia, já que toda escolha implica renunciar outras opções ou caminhos. Somente seremos felizes na vocação que escolhemos se formos fiéis àquilo que nos propusermos a viver.

Maria, a mãe de Jesus, é um belo exemplo de resposta de amor e de fidelidade. Ela, desde o início, colocou-se a serviço, dispondo-se a fazer a vontade de Deus, assumindo a missão a ela confiada, com todas as consequências e renúncias que isso implicava. Maria foi fiel até o fim, sem nunca desanimar.

4. Vivendo

a) Tenho sido fiel a minha vocação em todas as horas?

b) Quais são as renúncias que preciso fazer para viver fielmente minha vocação?

5. Súplicas

Peçamos, por intercessão de Maria, a graça da perseverança e da fidelidade em nossa vocação.

1. Ensinai-nos, ó Maira, a respondermos, com amor e com fidelidade, à vocação à qual fomos chamados.

– **Maria, Mãe das vocações, rogai a Deus por nós.**

2. Consolai, ó Maria, as pessoas que andam tristes e desanimadas em sua vocação, para que recobrem o ânimo e a fé.

3. Inspirai-nos, ó Maria, a ter sempre o mesmo comprometimento que tivestes em relação ao chamado de Deus.

(Preces espontâneas)

6. Oração final *(p. 10)*

9º Dia
Exemplos de pessoas vocacionadas

Introdução

Um ditado popular diz: "as palavras convencem, mas os exemplos arrastam". Os exemplos de pessoas que viveram, com grandeza, a vocação à qual foram chamadas podem também nos ajudar a viver e compreender melhor nossa vocação. Neste último dia da novena, vamos conhecer a história de algumas pessoas vocacionadas.

1. Oração inicial *(p. 8)*

2. Palavra de Deus *(2Tm 4,6-8)*

Quanto a mim, meu sangue está para ser derramado em libação, e o momento de minha mado em libação, e o momento de minha partida chegou. Combati o bom combate, terminei minha corrida, guardei a fé. Agora só me resta a coroa da justiça que o Senhor, justo juiz, me dará naquele dia; e não somente a mim, mas também a todos os que aguardam com amor sua manifestação.

– *Palavra do Senhor!*

3. Refletindo

Esse último capítulo da Carta de São Paulo a Timóteo pode ser entendido como um discurso de despedida do Apóstolo, que, após toda uma vida dedicada à pregação do Evangelho, faz uma avaliação de tudo que realizou. Ele conclui que tudo valeu a pena, pois viveu sua vocação em plenitude, cumprindo sua missão. Ele exorta os cristãos a também permanecerem fiéis e a cumprirem sua missão até o final. Muitos são aqueles e aquelas que viveram e ainda vivem fielmente sua vocação.

Entre esses, temos Madre Teresa de Calcutá, religiosa que, na Índia, foi responsável pela criação de uma imensa obra de caridade e assistência aos mais pobres daquele país e que, depois, espalhou-se por vários outros países. Podemos ainda lembrar Frei Hans Stapel, Frade Menor Franciscano, que, percebendo a situação dos dependentes químicos, juntamente com alguns amigos, criou o projeto da Fazenda da Esperança, que hoje é reconhecida mundialmente pelo excelente trabalho na recuperação de dependentes químicos, por meio da convivência, do trabalho e da fé.

Na vocação matrimonial, lembramos a belíssima história de Gianna Beretta Molla, uma médica italiana, que faleceu no parto de seu quarto filho. Sua história de amor com seu marido se encontra documentada em várias cartas, que demonstram como ela se dedicou a sua vocação. Gianna foi canonizada em 2004. Lembramos também o casal Luís Martin e Maria Zélia Guérin, os pais de Santa Teresinha, que pela vida dedicada um ao outro, aos filhos e a Deus foram chamados à glória dos altares sendo canonizados pelo Papa Francisco em 2015.

Também são muitos os sacerdotes que viveram e vivem, com profundidade, sua vocação sacerdotal. Entre esses exemplos recordamos o Pe. Zezinho, que, há mais de quarenta anos, evangeliza por meio da música, dos livros, dos artigos que escreve e dos programas de rádio e televisão. Lembramos também do Pe. Jonas Abib, fundador da comunidade Canção Nova, hoje uma obra presente em diversos lugares. Não podemos esquecer também os grandes ícones, como Dom Paulo Evaristo Arns e Dom Helder Câmara, que foram referência na luta contra a ditadura e pelo direito dos mais pobres.

Esses são apenas alguns exemplos de pessoas, que, nos diversos estados da vida e em suas realidades, viveram plenamente sua vocação. Que possamos assim, também como eles e elas, viver intensamente a vocação à qual fomos chamados, combatendo o bom combate, para que no fim possamos também nos revestir da coroa que Deus reserva aos seus.

4. Vivendo

a) Quais pessoas me inspiram em minha vocação?

b) O que tenho feito para promover as vocações na Igreja?

5. Súplicas

Elevemos a Deus nossas súplicas pedindo que, em seu imenso amor, possa nos atender.

1. Por tantos homens e mulheres que testemunham vosso amor e vossa presença no mundo por meio da vida religiosa consagrada e por meio da vocação sacerdotal, rezemos.

– **Senhor, Deus da vida, ouvi nossa prece.**

2. Rezemos por todos aqueles que vivem a vocação matrimonial, para que Deus ilumine e abençoe o lar dessas famílias nascidas no amor, rezemos.

3. Rezemos por todos os cristãos que, nas mais distintas atividades, são testemunhas do reino de Deus, transformando o mundo, rezemos.

(Preces espontâneas)

6. Oração final *(p. 10)*

CANTOS

1. Se ouvires a voz do vento
(Pe. Zezinho, SCJ – Paulinas Comep)

1. Se ouvires a voz do vento chamando sem cessar,/ se ouvires a voz do tempo mandando esperar:

A decisão é tua, a decisão é tua./ São muitos os convidados, são muitos os convidados,/ quase ninguém tem tempo, quase ninguém tem tempo.

2. Se ouvires a voz de Deus chamando sem cessar,/ se ouvires a voz do mundo querendo te enganar:

3. O trigo já se perdeu. Cresceu, ninguém colheu./ E o mundo passando fome, passando fome de Deus.

(Para terminar, só a primeira parte do refrão)
A decisão é tua,/ a decisão é tua.

2. Um dia escutei teu chamado
(José A. Santana – Paulus)

1. Um dia escutei teu chamado,/ divino recado/ batendo no coração./ Deixei deste mundo as promessas/ e fui bem depressa / no rumo da tua mão.
Tu és a razão da jornada, tu és minha estrada, meu guia e meu fim!/ No grito que vem do teu povo te escuto de novo chamando por mim!
2. Os anos passaram ligeiro,/ me fiz um obreiro/ do reino de paz e amor./ Nos mares do mundo navego,/ e às redes me entrego,/ tornei-me teu pescador!
3. Embora tão fraco e pequeno,/ caminho sereno/ co`a força que vem de ti!/ A cada momento que passa,/ revivo esta graça de ser teu sinal aqui!

3. Me chamaste para caminhar
(Alfred Mercica – Paulinas Comep)

1. Me chamaste para caminhar na vida contigo./ Decidi para sempre seguir-te, não voltar atrás!/ Me puseste uma brasa no peito, uma flecha na alma.../ É difícil agora viver sem lembrar-me de ti!

Te amarei, Senhor!/ Te amarei, Senhor!/ Eu só encontro a paz a alegria bem perto de ti. (2x)

2. Eu pensei muitas vezes calar e não dar nem resposta;/ eu pensei na fuga esconder-me, ir longe de ti./ Mas tua força venceu e ao final eu fiquei seduzido: é difícil agora viver sem saudades de ti!

3. Ó Jesus, não me deixes jamais caminhar solitário,/ pois conheces a minha fraqueza e o meu coração.../ Vem, ensina-me a viver a vida na tua presença,/ no amor dos irmãos, na alegria, na paz na união!

4. Antes que te formasses
(DR – Paulinas Comep)

1. Antes que te formasses dentro do seio de tua mãe,/ antes que tu nascesses, te conhecia e te consagrei,/ para ser meu profeta entre as nações eu te escolhi./ Irás aonde eu enviar-te e o que te mando proclamarás.
Tenho de gritar,/ tenho de arriscar,/ ai de mim, se não o faço!/ Como escapar de ti, como calar,/ se tua voz arde em meu peito?/ Tenho de andar,/ tenho de lutar,/ ai de mim, se não o faço!/

Como escapar de ti, como calar,/ se tua voz arde em meu peito?

2. Não temas arriscar-te, porque contigo Eu estarei./ Não temas anunciar-me, porque em tua boca Eu falarei./ Entrego-te meu povo, vai arrancar e derrubar;/ para edificar, destruirás e plantarás.

3. Deixa os teus irmãos, deixa teu pai e tua mãe,/ deixa tua casa, porque a terra gritando está./ Nada tragas contigo, porque ao teu lado Eu estarei./ É hora de lutar, porque meu povo sofrendo está.

5. Que nenhuma família (Oração pela família)
(Pe. Zezinho, SCJ – Paulinas Comep)

1. Que nenhuma família comece em qualquer de repente./ Que nenhuma família termine por falta de amor./ Que o casal seja um para o outro de corpo e de mente./ E que nada no mundo separe um casal sonhador./ Que nenhuma família se abrigue debaixo da ponte./ Que ninguém interfira no lar ou na vida dos dois./ Que ninguém os obrigue a viver sem nenhum horizonte./ Que eles vivam do ontem, no hoje, em função de um depois.

Que a família comece e termine sabendo onde vai./ E que homem carregue nos ombros a graça de um pai./ Que a mulher seja um céu de ternura, aconchego e calor./ E que os filhos conheçam a força que brota do amor. Abençoa, Senhor, as famílias, amém!/ Abençoa, Senhor, a minha também!

2. Que marido e mulher tenham força de amar sem medida./ Que ninguém vá dormir sem pedir ou sem dar seu perdão./ Que as crianças aprendam no colo o sentido da vida./ Que a família celebre a partilha do abraço e do pão./ Que marido e mulher não se traiam nem traiam seus filhos./ Que o ciúme não mate a certeza do amor entre os dois./ Que no seu firmamento a estrela que tem maior brilho/ seja a firme esperança de um céu aqui mesmo e depois.

6. Ilumina, ilumina
(Pe Zezinho, SCJ – Paulinas Comep)

1. Minha prece de pai é que meus filhos sejam felizes./ Minha prece de mãe é que meus filhos vivam em paz./ Que eles achem os seus caminhos,/ amem e sejam amados./ Vivam iluminados./ Nossa prece

de filhos é prece de quem agradece./ Nossa prece é de filhos que sentem orgulho dos pais./ Que eles trilhem os seus caminhos./ Louvem e sejam louvados./ Sejam recompensados.

Ilumina, ilumina/ nossos pais, nossos filhos e filhas./ Ilumina, ilumina/ cada passo de nossas famílias.

2. Minha prece, ó Senhor, é também pelos familiares./ Minha prece, ó Senhor, é por quem tem um pouco de nós./ Que eles achem os seus caminhos. Amem e sejam amados./ Vivam iluminados./ Nossa prece, ó Senhor, é também pelos nossos vizinhos./ Por quem vive e trabalha e caminha conosco, Senhor./ Que eles achem os seus caminhos./ Amem e sejam amados./ Vivam iluminados.

7. Outra vez me vejo só
(Carlos Alberto Toloni/ Eurivaldo S Ferreira – Paulinas Comep)

1. Outra vez me vejo só, com meu Deus,/ não consigo mais fugir, fugir de mim.../ Junto às águas deste mar vou lutar,/ hoje quero me encontrar, buscar o meu lugar.

Vou navegar, (nas águas deste mar,)/ navegar, (eu quero me encontrar,)/ navegar, (não posso mais fugir)./ Vou procurar (nas águas mais profundas,)/ no mar (feliz eu vou seguir,)/ só amar, (buscar o meu lugar). Sem dúvidas, sem medo de sonhar!

2. Ó Jesus, com fé eu te seguirei,/ só contigo sou feliz, Tu és em mim!/ Teu Espírito de Amor criador/ me sustenta no meu sim, me lança neste mar!

3. Vivo a certeza desta missão,/ já não posso desistir, voltar atrás.../ Mãe Maria, vem tomar minha mão,/ e me ajuda a ser fiel. Só Cristo é Luz e Paz!

(Final, após o refrão)

Vou navegar, navegar, navegar.

8. Eis-me aqui, Senhor

(L.: Pe Pedro Brito Guimarães/ M.: Frei Fabreti – Paulinas Comep)

Eis-me aqui, Senhor! Eis-me aqui, Senhor!/ Pra fazer Tua vontade, pra viver do teu amor,/ pra fazer Tua vontade, pra viver do teu amor:/eis-me aqui, Senhor!

1. O Senhor é o pastor que me conduz,/ por caminhos nunca vistos me enviou;/ sou chamado a ser fermento, sal e luz/ e, por isso, respondi: aqui estou!
2. Ele pôs em minha boca uma canção/ me ungiu como profeta e trovador/ da história e da vida de meu povo/ e, por isso, respondi: aqui estou!
3. Ponho a minha confiança no Senhor,/ da esperança sou chamado a ser sinal;/ seu ouvido se inclinou ao meu clamor,/ e, por isso, respondi: aqui estou!

9. Pelas estradas da vida
(M.: Espinosa – Paulus)

1. Pelas estradas da vida/ nunca sozinho estas;/ contigo pelo caminho,/ Santa Maria vai.

Oh! Vem conosco, vem caminhar,/ Santa Maria, vem!
2. Mesmo que digam os homens:/ "Tu nada podes mudar!",/ luta por um mundo novo/ de unidade e paz.
3. Se, pelo mundo, os homens/ sem conhecer-se vão,/ não negues nunca a tua mão/ a quem te encontrar.
4. Se parecer tua vida/ inútil caminhar,/ pensa que abres caminho:/ outros te seguirão!

10. Maria de Nazaré
(Pe. Zezinho, SCJ – Paulinas Comep)

1. Maria de Nazaré, Maria me cativou./ Fez mais forte a minha fé e por filho me adotou./ Às vezes eu paro e fico a pensar/ e, sem perceber, me vejo a rezar,/ e meu coração se põe a cantar,/ pra virgem de Nazaré./ Menina que Deus amou e escolheu/ pra Mãe de Jesus, o Filho de Deus./ Maria que o povo inteiro elegeu/ Senhora e Mãe do céu.

Ave, Maria, Ave, Maria!/ Ave, Maria, Mãe de Jesus!
2. Maria que eu quero bem, Maria do puro amor./ Igual a você ninguém, Mãe pura do meu Senhor./ Em cada mulher que a terra criou,/ um traço de Deus Maria deixou,/ um sonho de mãe Maria plantou/ pro mundo encontrar a paz./ Maria que fez o Cristo falar,/ Maria que fez Jesus caminhar,/ Maria que só viveu pra seu Deus,/ Maria do povo meu.

Índice

Rezar pelas vocações 3

Orientações sobre como rezar esta novena 6

Oração inicial 8

Oração final 10

1º dia: O amor de Deus 12

2º dia: Ser humano,
         obra-prima do amor de Deus 16

3º dia: Viver no amor de Deus 20

4º dia: Viver o amor com os irmãos 24

5º dia: Conhecer a si mesmo 28

6º dia: Nossa missão no mundo 33

7º dia: É preciso discernir 37

8º dia: Resposta de amor e fidelidade 43

9º dia: Exemplos de pessoas vocacionadas 48

Cantos 53

A marca FSC® é a garantia de que a madeira utilizada na fabricação do papel deste livro provém de florestas que foram gerenciadas de maneira ambientalmente correta, socialmente justa e economicamente viável.

Este livro foi composto com as famílias tipográficas Magnolia Script e Calibri e impresso em papel Offset 75g/m² pela **Gráfica Santuário.**